AFRICA IN MY SKIN
ÁFRICA EN MI PIEL
L'AFRIQUE DANS LA PEAU

LIBROS BOOKS LIVRES @ HOUSE OF NEHESI PUBLISHERS

Caribbean Counterpoint:
The Aesthetics of Salt in Lasana Sekou
Sara Florian, PhD

Nomad
Yvonne Weekes

Liviticus
Kamau Brathwaite

The Adulterous Citizen – poems stories essays
Tishani Doshi

Corazón de pelícano – Antología poética de Lasana M. Sekou
Pelican Heart – An Anthology of Poems by Lasana M. Sekou
Selección, introducción y notas / Selection with
Introduction and Notes by Emilio Jorge Rodríguez

The Essence of Reparations
Amiri Baraka

Haiti and Trans-Caribbean Literary Identity
Haití y la transcaribeñidad literaria
Emilio Jorge Rodríguez

Book of Sins
Nidaa Khoury

Columbus, the Moor | Colón, el Moro
Colomb, le Maure | Colombo, il Moro
Charles Matz

Guanahani, My Love
Marion Bethel

Eva/Sión/Es – Eva/Sion/s – Éva/Sion/s
Chiqui Vicioso

Claude – A Portrait of Power
Fabian Adekunle Badejo

AFRICA IN MY SKIN
ÁFRICA EN MI PIEL
L'AFRIQUE DANS LA PEAU

Rafael Nino Féliz

House of Nehesi Publishers   St Martin, Caribbean

House of Nehesi Publishers
P.O. Box 460
Philipsburg, St. Martin
Caribbean

WWW.HOUSEOFNEHESIPUBLISH.COM

http://twitter.com/#!/HouseofNehesi
www.facebook.com/HNPbooksauthors
www.facebook.com/nehesipublishers

Edición trilingüe / Trilingual Edition /
Édition trilingue © 2021 Rafael Nino Féliz.

Reservados todos los derechos.
All rights reserved. Tous droits réservés.
ISBN: 9781733633321

Portada/Cover/Couverture : Gina Rombley, BEOS Inc.
Ilustraciones/Illustrations : Xochiquetzal Li Gonzalez Toro; Stephanie Tihanyi.
Fotografía/Photography/Photographie : iStock; Yotam Sandak; Rafael Nino Féliz.

Podemos ver el viajero transfigurado en el reflejo de la búsqueda infinita de un origen. El poeta es ese peregrino … . Seguimos sus pasos … . El autor hace una travesía por países e islas de las Américas y nos narra sus hallazgos.

    —**Carlota Magallanes Silfa**, Escuela de Letras, UASD

We can see the transfigured traveler in the reflection of a never-ending search for an origin. The poet is that pilgrim … . We follow his footsteps … . The author passes through countries and islands of the Americas and he shares his discoveries with us.

    —**Carlota Magallanes Silfa**, Faculty of Letters, UASD

Nous pouvons observer le voyageur transfiguré dans une réflexion sans fin à la recherche d'une origine. Le poète est ce pèlerin … . Nous suivons ses traces … . L'auteur passe à travers des pays et des îles des Amériques et il partage ses découvertes avec nous.

    —**Carlota Magallanes Silfa**, Faculté des lettres, l'UASD

ÍNDICE | CONTENTS | TABLE DES MATIÈRES

Prefacio	*xiii*
Prólogo	*xvii*
ÁFRICA EN MI PIEL	1
Látigos sobre la piel	3
Kura Hulanda	4
Preludio	5
Gotas de lluvia	6
Dueños y amos	7
Kenscoff	8
Africanízame	9
Barbados	11
Travesía	12
Code noir	14
África en mi piel	15
Don't be afraid	17
Barco gris	19
Look for	20
Piel crepúsculo	21
Sombra de Esclavitud	22
Sol y gramíneas	23
África en tu voz	24
Bajo las calderas	25

Mira mi piel	26
Canción de zafra	27
Portobelo	29
Tocando mis raíces	30
Tocando altares	31
Bajando al puerto	33
Slim	34
Atuendos	35
Laceración	36
La lluvia cae	37
Mandela	39
Raíces	41
Black lives matter	43
La mirada de mis abuelos	45
Desde el fondo de su arrabal	46
AFRICA IN MY SKIN	47
Preface	49
Prologue	53
Whiplash	57
Kura Holanda	58
Prelude	59
Rain drops	60
Masters and owners	61

Kenscoff	62
Africanize me	63
Barbados	65
The crossing	66
Code noir	68
Africa in my skin	69
Don't be afraid	71
Grey ship	73
Look for	74
Twilight skin	75
Shadow of Slavery	76
Sun and grass	77
Africa in your voice	78
Under the boilers	79
Look at my skin	80
Harvest song	81
Portobelo	83
Touching my roots	85
Touching altars	86
Going down to the harbor	88
Slim	89
Attire	90
Laceration	91
It is raining	92

Mandela	94
Roots	96
Black lives matter	98
The look of my grandfathers	100
From the deep ends of their slums	101

L'AFRIQUE DANS LA PEAU — 103

Préface — 105
Prologue — 109

Des fouets sur la peau	113
Kura Holanda	114
Prélude	115
Gouttes de pluie	116
Propriétaires et maîtres	117
Kenscoff	118
Africanise-moi	119
Barbade	121
Traversée	122
Code noir	124
L'Afrique dans la peau	125
Don't be afraid	127
Bateau gris	129
Look for	130
Peau crépuscule	131

Ombre d'Esclavage	132
Soleil et graminées	133
L'Afrique par ta voix	134
Sous les chaudières	135
Il regarde ma peau	136
Chanson pour la récolte	137
Portobelo	139
A l'ombre de mes racines	141
Toucher les autels	142
En descendant jusqu'au port	144
Slim	145
Costumes	146
Lacération	147
La pluie tombe	148
Mandela	150
Racines	152
Black lives matter	154
Le regard de mes ancêtres	156
Du fond de leur quartier	158
L'auteur	159
About the author	161
Sobre el autor	163

Prefacio

SIGUIENDO UNA SUGERENCIA de la intelectual dominicana Chiqui Vicioso, quien también me puso en contacto con House of Nehesi Publishers, comencé a pensar seriamente en la idea de traducir *África en mi piel* en varios idiomas. Chiqui y yo coincidíamos en que una traducción de este libro de poemas abriría una puerta internacional al texto, como forma de promover los valores literarios, históricos y sociales contenidos en el mismo.

África en mi piel se publicó por primera vez en la República Dominicana en 2017 y se puso en circulación ese mismo año en un acto público en el campus principal de la Universidad Autónoma de Santo Domingo (UASD), la primera universidad del Nuevo Mundo, fundada en 1538. La aparición del libro marcó un evento importante para los intelectuales dominicanos presentes, así como para el público en general. Los críticos habían resaltado la importancia del libro por su valor socio-literario,[1] y varios profesores universitarios comenzaron a usar el texto para enseñar aspectos de nuestra identidad cultural.[2]

Las discusiones públicas y académicas generadas por el libro durante los meses siguientes, sumadas a la sugerencia de Chiqui de considerar la traducción del trabajo, ayudaron a plantar y nutrir firmemente en mi mente la idea de la traducción. Envié *África en mi piel a* House of Nehesi Publishers a mediados de 2018 y la casa editorial aceptó publicarlo, inicialmente en una edición bilingüe: en español con la traducción al inglés. Pero a medida que la discusión con los editores progresaba, la editorial de San Martín ofreció la posibilidad de agregar al volumen una traducción al francés. Así, nació la edición trilingüe: *África en mi piel / Africa in my Skin / L'Afrique dans la peau.*

Esta nueva edición en tres idiomas principales abre una mayor posibilidad para que el libro llegue a más lectores y se conecte con más experiencias humanas dentro del Caribe y el mundo entero. Espero sinceramente que el poemario sirva no solo como "literatura", sino también como material documental en aspectos formativos, didácticos, históricos y de identidad, para poder abordar mejor los temas de la esclavitud, la resistencia y la belleza de nuestros antepasados, así como de las luchas y triunfos de sus descendientes.

                    Rafael Nino Féliz
                    Santo Domingo, República Dominicana

Notas

1 Danilo Cruz Pichardo, "África en mi piel", *El Nacional*, https://elnacional.com.do/africa-en-mi-piel/, 21 de enero 2018.

Frank Núñez, "África en mi piel de Rafael Nino Féliz", *El Caribe*, https://www.elcaribe.com.do/2018/02/17/africa-en-mi-piel-de-rafael-nino-feliz/, 17 de febrero de 2018.

Metro RD, "Profesor UASD publica obra de poesías en Sistema Braille", *Metro RD*, https://www.metrord.do/do/destacado/2017/12/17/profesor-uasd-publica-obra-poesias-sistema-braille.html, 17 de diciembre 2017.

Ibeth Guzmán, "África en mi piel", *Listín Diario*, https://listindiario.com/ventana/2017/11/29/492803/africa-en-mi-piel, 29 de noviembre 2017.

2 Ibeth Guzmán, "Letras Básicas y Literatura", Escuela de Letras de la Universidad Autónoma de Santo Domingo, UASD.

Carla Magallanes, de la Escuela de Letras de la Universidad Autónoma de Santo Domingo; ella ha utilizado el texto también para el trabajo de su tesis doctoral, además de utilizarlo en las aulas.

Madelin Martínez Bonifacio, "Asignatura Problemas Psicosociales Dominicanos", Escuela de Psicología de la Universidad Autónoma de Santo Domingo, UASD.

Prólogo

Una vez más, recibo la distinción de escribir unas palabras en la edición trilingüe *África en mi piel / Africa in My Skin / L'Afrique dans la peau* del poeta Rafael Nino Féliz. Su trayectoria lírica, a través de una sencillez expresiva, nunca deja de tener algún contenido de carácter social o político, reivindicando una tradición que forma parte de los elementos centrales de la poesía desde la antigüedad.

Cambian las formas, como es lógico, pero los contenidos relativos a la condición humana están presentes en una buena parte de las obras poéticas que conocemos. En este libro, más que una idea de clase social o política propiamente dicha, se desliza a través de un viaje por las islas del Caribe y las huellas de la mayoría de sus pobladores provenientes del continente africano trasladados a la fuerza desde sus tierras originarias y convertidos en esclavos. El amplio y diverso mosaico cultural que exhibe la región del Caribe, tiene su origen en las luchas coloniales de diversos países europeos que se disputaban la hegemonía sobre esta tierra; lo que devino en diferentes lenguas oficiales y expresiones de *créole*, que reflejaban ese dominio sobre el territorio caribeño, y generaron un proceso de hibridación que ha caracterizado su devenir histórico.

A diferencia de países de América, como México, Guatemala, Ecuador, Perú y Bolivia donde perviven culturas aborígenes, en el Caribe, fundamentalmente, sus pobladores son originarios de Europa o de África, a través de un proceso esclavizante que generó niveles de producción infrahumanos. Estas lenguas oficiales convivieron con una oralidad que permitió la comunicación de los sectores más empobrecidos; se formaron así verdaderos idiomas en algunas islas del Caribe.

A veces nos conformamos con conocer las expresiones de poesía relacionadas con la *negritud* en Cuba, Puerto Rico y la República Dominicana mediante ejemplos donde resaltan Nicolás Guillén, Luis Palés Matos y Manuel del Cabral, respectivamente. Sabemos también que, en algunos casos, la relación de algunos poetas con el tema negro es de compasión o de solidaridad, no de identificación. En *África en mi piel / Africa in My Skin / L'Afrique dans la peau* está claro el carácter contestatario que viene de esa tradición que a nivel internacional representó el libro de Aimé Césaire, *Cuaderno de un retorno al país natal*.

En la República Dominicana, a nivel de identificación con esta problemática podemos mencionar algunos textos de Juan Sánchez Lamouth, Aída Cartagena Portalatín y Norberto James Rawlings. El poeta y ensayista Blas Jiménez también emprendió un camino no sólo a nivel de sus textos, sino a través de intercambios con movimientos culturales afrodescendientes que jugaron un papel al retomar este tema.

La poesía de Rafael Nino Féliz se caracteriza en esta colección por la limpieza expresiva, la precisión en el uso de las palabras, y sobre todo por su destacado carácter combativo hacia las formas inhumanas de esclavitud e incluso a la continuidad de esa realidad en formas más sofisticadas, pero que mantienen niveles de prejuicios raciales que a veces se ocultan a través de mecanismos diversos. El auténtico humanismo proclama la necesidad de igualar a todos los seres humanos en sus derechos, sin importar el color de su piel, la religión que profesen o la ideología que prefieran.

Esta edición, en tres de los idiomas principales del Caribe –español, inglés y francés– es muy importante. Permite que un trabajo como *África en mi piel / Africa in My Skin / L'Afrique dans la peau*, que es emblemático dentro de la poesía contemporánea en la República Dominicana, llegue a un público más amplio. Los idiomas que heredamos del período colonial forman parte de nuestra identidad, pero a veces se convierten en un obstáculo para la comunicación en el Caribe. Consideramos que publicaciones como ésta, tienen una contribución muy válida, especialmente en este momento cuando es necesario resaltar las características de los afrodescendientes, particularmente en la República

Dominicana y en general en nuestra región del Caribe. La amplia difusión nacional que tuvo la primera publicación de *África en mi piel* (2017) se verá reforzada por la edición trilingüe y continuará haciendo de este tema un aspecto relevante del trabajo de las nuevas generaciones de poetas.

El autor, aunque convierte sus palabras en látigos para fustigar el horroroso pasado esclavizante, lanza en sus versos una apuesta al futuro emancipador cuando dice ("Don't be afraid", página 17):

> No temas, que sobre el Caribe regresarán las lluvias
> de la inmensa alegría de todos los descalzos;
> el rocío de la mañana empapará tu rostro
> y King, con su mirada de fuego y manos amorosas,
> visitará tu casa en las noches oscuras,
> encenderá la luz de la esperanza
> y te dirá en esa reunión de nuestra raza:
> camina, camina, y dile adiós a la tenebrosa
> pesadilla de la noche.

Mateo Morrison
Santo Domingo, República Dominicana

ÁFRICA EN MI PIEL

Látigos sobre la piel

Rastros de pasos oceánicos
pesado metal en cuerpos indefensos
impiedad del madero sobre los hombros
de estos seres que aún viven en el dolor.

Plantaciones y garrotes
piel deshecha
aventura de un viaje
la mirada sobre las olas
la distancia como huellas
una historia de sangre y tormentos
y la resistencia del cimarronaje campo adentro.

Curazao, 2008.

Kura Hulanda

Entro al museo; todo es allí silencio frío
y el paso breve de la prisa produce espasmos
en mis sentimientos de afroantillano.

En silencio mi voz crece por dentro
emitiendo ráfagas de truenos centelleantes
ahora el museo me muestra la horca y el martirio
ahora me envuelve en sus fríos destellos
de luciérnagas muertas.

Curazao, 2008.

Preludio

Translúcidos filamentos cristalinos de lluvia
en este amado Caribe que pido por tu vida
un cuerpo danzante como ala se desplaza
como si buscara el martirio en su casa
en que el látigo artero cruelmente marca
la espalda
de aquellos seres que luchan indefensos
sin espada.

Puerto Príncipe, Haití, 2009.

Gotas de lluvia

Las gotas de lluvia me provocan al caer como
hilos cristalinos
en esta mesa en que comparto el vino
entre cuerpos que alegremente danzan
como un ave despavorida bajo el cielo gris,
buscando su destino.

En cada gota de lluvia se lavan en el Caribe
las penas del primer esclavo;
su firme vocación de libertad
y fija mirada de soldado bravo.

Puerto Príncipe, Haití, 2009.

Dueños y amos

Súbeme alto en tu cima firme
para mirar a un pueblo sin pan
y amárrame a este ser
que tan profundo gime
a pesar de los siglos de los siglos
para ver a este descalzo que tú oprimes.

Puerto Príncipe, Haití, 2009.

Kenscoff

Mira mis pies descalzos tras sus infinitas huellas
de amargura;
mira mis labios pálidos tras la espera de pan
que en vanas ilusiones se avecina.

Mira qué largo fardo de miseria
cubre el infinito pasto de mis sueños.

Mira a este niño que camina sin pan y sin abrigo
mira cómo fija su mirada en tu rostro desde la
llanura
infinita de sus penas.

Puerto Príncipe, Haití, 2009.

Africanízame

Africanízame en tu delgada cintura de negra
bailarina

Africanízame en tu identidad que no abandonas
ni ante los dioses vendidos a fuerza de garrote y
doloroso espanto

Africanízame en el arte que corre por tus venas
y toca el continente de tus sueños dormidos
que sólo despierta cuando llega el alba y las aves
inician su canto libertario

Africanízame en tu túnica que envuelve tu cielo
de raíces

Africanízame en tus finas manos de artista que
cuando las mueves
rasgan el aire y provocan lluvia

Africanízame en tu blanca dentadura de diosa irrepetible
que cuando sonríes, tus labios tocan todo el horizonte
de atardeceres muertos

Africanízame en tu vientre de madre planetaria

Africanízame en tu tambor bajo el silencio roto de la noche.

República Dominicana, 2010.

Barbados

Barbados, desciendo a ti
como un ángel que busca sus raíces
el primer paso del hombre
que caminó desnudo pisando
hojas mojadas y salpicadas
de rocío en el punto preciso
del trayecto mitad luz
y mitad sombra;
mitades que dibujaron
un solo trazo imperecedero
en este Caribe que somos.

Barbados, 2010.

Travesía

Antes del crimen estuvo la muerte
como minúscula partícula de tragedia
en el Archipiélago de Madeira.

Más tarde las Azores
la isla de Cabo Verde corrió la misma suerte
la desembocadura del Congo fue un sólo grito de espanto y dolor
así fueron ocurriendo partículas de muerte en todo el trayecto.

Al filo de la noche antes de la travesía a nuestro continente
unos años después cayó el Cabo de Buena Esperanza
luego, todo fue antinomia del hombre.

No hubo nada bueno ni esperanza,
ver la espalda de ese abuelo que te mira y
reclama.

República Dominicana, 2011.

Code noir

Dejad que mis pies caminen por la senda
dejad que mi cofradía mi identidad refugie
dejad que mis pasos transiten bajo lunas llenas
dejad que mis pies deshagan sus penas.

República Dominicana, 2011.

África en mi piel

En cada mirada que gira sobre este universo irrenunciable
tu presencia me desnuda por dentro
te encuentro en cada paso del camino
en las manos encallecidas del obrero
que puebla de frutos el mercado.

Te encuentro en el paso mulato y cadencioso de la mujer
que camina por las calles prodigando sonrisas infinitas
te encuentro en la pulpa de coco de estos labios que sonríen
al paso de la vida derramada en cada esquina
y en la expresión llana de la gente.

Te encuentro en estas islas gemelas del Caribe
únicas y de culturas diversas
como los dioses que poblaron el mundo
mucho antes de que se convirtiera en un largo
lamento.

Te encuentro en los restos de golpes sobre el
hombre
te encuentro en este cuerpo que me abraza
hecho de mestizaje y esperanza franca
te encuentro en este bello cuerpo
pedazo de noche bajo la luna llena de mis ansias
te encuentro bajo el cuerpo de esta bella negra
que carga mi infancia.

República Dominicana, 2011.

Don´t be afraid

No temas, hijo, por las tantas piedras del camino
que a mi paso quité algunas
para aliviar tu pesada carga.

No temas, que las llagas de mi cuerpo y de mis manos
que sufrí por nuestra raza
aminorarán el trayecto de tus penas.

No temas, no temas, ya Rosa Parks oró por nosotros
en una mirada desde la gran montaña de las almas que imploran
en estas tierras del Caribe, único y diverso, que refugió el canto
de nuestros antepasados en su cruel desarraigo.

No temas, que sobre el Caribe regresarán las lluvias
de la inmensa alegría de todos los descalzos;
el rocío de la mañana empapará tu rostro

y King, con su mirada de fuego y manos amorosas,
visitará tu casa en las noches oscuras,
encenderá la luz de la esperanza
y te dirá en esa reunión de nuestra raza:
camina, camina, y dile adiós a la tenebrosa
pesadilla de la noche.

República Dominicana, 2011.

Barco gris

Te recojo bajo el tambor de la tarde
que descifra abismos de eternidades;
mis abuelos acorralados
los recojo bajo el férreo cerco de sus amos
los recojo en su mirada clavada en el crepúsculo
teñido de sangre y horizonte;
los recojo en el camino sin retorno,
los recojo en el barco gris que se aleja, y se aleja,
los recojo frente a un Dios que se muere de pena.

República Dominicana, 2011.

Look for

Hay cosas en la vida que tú pierdes
que la vida resiste su abandono;
hay cosas que tú pierdes en la vida
que al alma le quedan como adorno.

República Dominicana, 2011.

Piel crepúsculo

¿De dónde, mandingas, yorubas me arden
en la piel que brota África en la tarde;
historia, semillas…
piel crepúsculo
que en mis ojos brilla?

República Dominicana, 2011.

Sombra de Esclavitud

Tráfico negrero, el amo los lleva a la alta mar
más tarde a la caña del cañaveral
sus pupilas fijas en la tierra atrás
más tarde el verdugo como capataz.

República Dominicana, 2011.

Sol y gramíneas

Gramíneas y sol me reciben con su dura carga
los cañaverales señalan ya su senda amarga
la dulce caña en su marcha larga;
atrás los mares con su gran nostalgia
el hombre cercado bajo la hemorragia.

Dame las razones de este mal tan cruel:
este hombre buscaba en tierra natal
bajo la alegría un mundo de miel.

Me lo esclavizaron y a cambio le dieron
la cicuta bebida con sabor a hiel.

República Dominicana, 2011.

África en tu voz

Miro tu rostro surcado
con tu piel color de África lejana;
entonces eternizas mi mirada
bajo un horizonte de raíces
en tu etnia cambiante
que trasciende los mares.

República Dominicana, 2011.

Bajo las calderas

Las calderas quemaban el instinto
de los sobrevivientes en las plantaciones
y atrás su África lejana
buscada en todos los rincones.

Entrañables sueños de regreso
que giraban en su mejor retorno,
pero las cadenas eran duras, fuertes,
y el garrote les trajo la muerte.

Los abuelos se iban mezclando
entre las pardas sonrisas del abuelo negro
y los ojos de vidrio del abuelo blanco,
que con ganas morenas subía
a lo más alto del sexo en su sinfonía.

República Dominicana, 2011.

Mira mi piel

Él mira mi piel y me contempla
yo me miro y me contemplo,
siento y descubro quién soy.

Yo no sé si él se mira por dentro
y si sabe quién es.
Si es que es…

De todas maneras, es muy tarde
para averiguar prejuicios agotados.

República Dominicana, 2011.

Canción de zafra

Mueve cintura pa'lante, mueve cintura pa'atrá
si no aporta a la cultura es porque no sabe na

El sazón que tiene adentro es el mismo del batey;
no todas las cañas dulces se las lleva el catarey

Unas se van al ingenio traspasando los alambres,
otras las comen los hombres porque están
muertos de hambre

Este batey va conmigo y no se separa nunca;
cuánto sufren estos bueyes cuando les ponen las
yuntas

Crecí y viví en el batey con mi camisita rota
dame clerén o tafiá aunque sea una sola gota

Mueve cintura pa'lante, mueve cintura pa'atrá
que me llamen a Candelo pa tomarme mi tafiá

Me dicen que la sonrisa es una cosa de allá;
yo digo que no es así,
porque a mí me da lo mismo cuando tomo mi tafiá

Mueve cintura pa'lante, mueve cintura pa'atrá
si no aporta a la cultura es porque no sabe na.

República Dominicana, 2011.

Portobelo

Portobelo, travesía hacia la muerte
aquí donde todas las almas sufren
sus dolores de siglos
y trajeron los hombres amarrados y tristes
y el deseo de retorno se convirtió en salitre.

Portobelo, travesía que destila
dolor en nuestros mares
que se tiñen de rojo
hombres sin voces en los labios
que gritan por dentro su lúgubre resabio.

Ojos derramados como ríos que se quiebran
con la única esperanza de escapar con la vida
y el retorno a su espacio que corre con la herida.

Hombres encadenados en venta en el mercado
y el dolor se me queja con los ojos cerrados.

República Dominicana, 2012.

Tocando mis raíces

Como una porción de tierra
salpicada de mares, camino cada isla
del Caribe buscando mi rastro.

Me cortejan mis ancestros,
su bronca mirada de mañanero espanto
sus amaneceres quebrados
en sus cansadas pupilas
que gotean todavía
la infinita amargura
del desarraigo cruel
que nubló nuestros cielos.

Antigua, 2012.

Tocando altares

Toco tus palabras y me empapan de versos
de un trinar profundo desde mis ancestros
raíces que fueron medular encanto;
tu voz de poeta antillano reclamando nexos
de ayeres vivos y presentes muertos.

Recojo en el pueblo museos intangibles
de encantados versos
la lluvia derrama sinfonía pasada,
siento en la brisa a mi abuelo negro
en la madrugada.

Aquí los nativos sudaron su lucha,
el colono cruel falla sus intentos
de imponer a fuerza su presencia intrusa.

Te observo serena cuando nos miramos
y junto contigo sonetos cantamos,
a pesar del tiempo aún se reflejan
las acciones crueles, herencia del amo.

Antigua, 2012.

Bajando al puerto

África, mira tu tambor
que ha crecido a ritmo
de culturas diversas;
me amarro a la sinfonía
de tu magia de danza,
selva y ríos;
cantos de aves bañadas de rocío
el tambor desgrana la melodía
de tu canto milenario.

St. Croix, 2012.

Slim

Trabajas en un barco para criar a tus hijos
que en algunos casos carecen de abrigo,
para trabajar tienes que lucir atuendos del blanco
para cubrir tus raíces entre tantos llantos;
yo canto a tu afán de vivir sonriendo al turista altivo
y con tanto trabajo te me vas muriendo
como tus ancestros que de tantos látigos
se fueron extinguiendo.

San Martín, 2012.

Atuendos

Aunque use tus atuendos me resisto
a bendecir
tu mano cruel de amo;
aunque tenga que defender mis estrategias
para saltar más allá de este vacío
prefiero decir en mi dolor inmenso:
"Hágase tu voluntad, Dios mío!"

Santa Lucía, 2012.

Laceración

Me mira desde la profundidad de su pena;
la tierra empieza a ser nostalgia,
futuro incierto, laceración del alma.

Cristales que se quiebran por dentro
como briznas, sólo briznas en silencio;
despierto y escribo un poema,
mi etnia me llora por dentro.

Santa Lucía, 2012.

La lluvia cae

La lluvia cae
bajo el canto desplomado de tus labios

La lluvia cae
bajo el asiento vacío de mis recuerdos

La lluvia cae
bajo la mirada indiferente de las élites

La lluvia cae
bajo la mirada triste de los dioses

La lluvia cae
bajo el canto de África en mi garganta

La lluvia cae
bajo los sueños aparejados sin camino

La lluvia cae
bajo las entrañas quemándose de hambre

La lluvia cae
bajo un canto desgarrándome por dentro

La lluvia cae
La lluvia cae
La lluvia cae

República Dominicana, 2012.

Mandela

Mandela, hombre sin cercos ni odio
repartidor de todos los colores, bordando
la gran bandera de la paz planetaria
sin frontera que limite tus sueños
de libertad y de panes.

Mandela, la inusual suma
de todos los perdones
el ave de más alto vuelo
que observa las laceraciones
de las almas de todos los que sufren.

Mandela es la voz de mis ancestros
en cada pedazo de tierra adolorida.

Mandela no se marcha
él es la esperanza
que aguarda en el camino
la brisa que toca la piel
de todos los amores

de la tierra que sueña
todos los brazos
y todos los colores.

República Dominicana, 2013.

Raíces

¿Quién dijo que no somos
una voz que crece en el rocío?
¿quién dice que no escucha
una voz que dice: "!Oh, hijo mío!"?

¿Quién dice que no llevo
en la piel a la lejana África,
el sueño de un esclavo
que no tuvo mañana?

¿Quién niega que nací en el Batey Central,
recuerdo de un esclavo, mi identidad total?
¿quién dice que no llevo la dulce caña,
la vida que se quiebra en el cañaveral;
quién dice: "Papa Bon"?
¿al que todos recuerdan en este matorral
más allá de la vida, suma de muchas cosas
bajo este manantial?

¿quién dice que no soy la suma de este todo:
sangre, raíz e historia en mi vida ancestral,
este hombre que muere en su lucha barrial?

República Dominicana, 2014.

Black lives matter

Yo también canto desde este pedazo de tierra adolorida,
yo también canto desde esta isla a donde fueron traídos
mis abuelos amarrados como esclavos sin una gota de razón
que explicara este tormento cruel sobre la espalda y el alma
de esos hombres sin amparo donde ni la gracia de Dios
pudo entrar entre los largos quejidos de ese infierno.

Yo también sangro en estas islas del Caribe cuando veo
a través de los videos cómo en la nación más poderosa
de la tierra asesinan por negros a mis hermanos.

Nadie me pida callar en esta mañana tormentosa
como muerte producida por el odio de este crimen
que ya nadie comprende y que tiene sabor a espanto y amargura;
nadie me diga que el blanco policía tiene derecho a quitar
la vida de un hermano que sueña, canta, vive y ama.

Que les devuelvan en oración a todos esos muertos injustamente
por el único hecho de quedar presos en el recogimiento eterno de la noche.
Nadie tiene derecho a matar a una paloma negra entre tantas negras y blancas
que se abrazan bajo la esperanza de ver otro día con un amanecer distinto
de hermanos que sueñan y se besan.

República Dominicana, 16 de julio 2016.

La mirada de mis abuelos

La mirada de mis abuelos
como queriendo romper el cielo;
querían volver todos a sus hogares
y las cadenas como collares.

Querían tocar otra vez su tierra
pero eran presos como en la guerra;
fueron cazados como animales
los esclavistas ponen bozales.

Los palenques refugian el alma entera
buscando el punto de la frontera;
buena estrategia, el cimarronaje:
de África a América, ¡qué largo viaje!

Y el esclavista, manos salvajes
para la vida, el cimarronaje:
explique usted las clases sociales.

República Dominicana, 2017.

Desde el fondo de su arrabal

Yo vi dos hombres subir a un árbol
de mango alto y de buen frutal,
aquellos hombres llenos de hambre
cuyos estómagos lucían muy mal.

La tierra fértil de aquel lugar
a pocas manos se fue a parar;
pero en el árbol los hombres suben
porque era un parque municipal.
Muertos de hambre suben los hombres
desde el fondo de su arrabal.

Uno me dijo: "tome unos mangos
para que los pueda usted saborear",
y vi tan grande su bondad
cuando esos mangos quiso donar
"ya no estoy solo –dije al amigo–
tengo el oficio del buen amar".

República Dominicana, 2017.

AFRICA IN MY SKIN

Rafael Nino Féliz

Translated by
Fabian Adekunle Badejo

Preface

It was following a suggestion from the Dominican intellectual Chiqui Vicioso, who also put me in touch with House of Nehesi Publishers, that I began to pursue the idea of translating *África en mi piel* in various languages. Chiqui and I agreed that a translation of my first book of poems would open an international door to the text and promote the literary, historical, and social values contained therein.

África en mi piel was first published in the Dominican Republic in 2017 and launched that year as a public event at the main campus of the Autonomous University of Santo Domingo, the first university of the New World, founded in 1538. The appearance of the book marked an important event among the Dominican intellectuals present, as well as for the general public. The critics had highlighted the importance of the work for its socio-literary value,[1] and a number of university professors began using the text to work on aspects of our cultural identity.[2]

The public and academic discussions generated by the book during the ensuing months, compounded by Chiqui's suggestion to consider translating the work, helped to plant and nourish the idea of translation firmly in my mind. *África en mi piel* was submitted to

House of Nehesi Publishers in mid-2018 and accepted for publication, initially as a bilingual collection: in Spanish with the English translation. As discussion with the editors progressed steadily, the St. Martin publisher offered the possibility of adding a French translation to the volume. Thus, the trilingual edition became a reality: *África en mi piel / Africa in My Skin / L'Afrique dans la peau*.

This new edition in three principal languages opens up a greater possibility for the book to reach more readers and connect with more human experiences within the Caribbean region and worldwide. It is my earnest hope that the collection serves not only as "literature," but also as documentary material in didactic, historical, and identity aspects, to have a better look at Slavery, the resilience and beauty of our ancestors, and the struggles and triumphs of their descendants.

>Rafael Nino Féliz
>*Santo Domingo, Dominican Republic*

Notes

[1] Danilo Cruz Pichardo, "África en mi piel", *El Nacional*, https://elnacional.com.do/africa-en-mi-piel/, 21 de enero 2018.

Frank Núñez, "África en mi piel de Rafael Nino Feliz", *El Caribe*, https://www.elcaribe.com.do/2018/02/17/africa-en-mi-piel-de-rafael-nino-feliz/, 17 de febrero de 2018.

Metro RD, "Profesor UASD publica obra de poesías en Sistema Braille", *Metro RD*, https://www.metrord.do/do/destacado/2017/12/17/profesor-uasd-publica-obra-poesias-sistema-braille.html, 17 de diciembre 2017.

Ibeth Guzmán, "África en mi piel", *Listín Diario*, https://listindiario.com/ventana/2017/11/29/492803/africa-en-mi-piel, 29 de noviembre 2017.

[2] Ibeth Guzmán, "Letras Básicas y Literatura," Escuela de Letras de la Universidad Autónoma de Santo Domingo, UASD.

Carla Magallanes, de la Escuela de Letras de la Universidad Autónoma de Santo Domingo; ella ha utilizado el texto también para el trabajo de su tesis doctoral, además de utilizarlo en las aulas.

Madelin Martínez Bonifacio, "Asignatura Problemas Psicosociales Dominicanos," Escuela de Psicología de la Universidad Autónoma de Santo Domingo, UASD.

Prologue

It is a distinct honor to write a few words in the trilingual edition of *África en mi piel / Africa in My Skin / L'Afrique dans la peau* by Rafael Nino Féliz. The lyrical journey of the poet, through an expressive simplicity, is never devoid of some social or political content, revindicating a tradition that has been part of the central elements of poetry since antiquity.

Forms may change, as is logical, but the contents concerning the human condition are present in much of the poetic works that we know. In this book, more than an idea of social class or politics proper, the poet takes us on a journey across the islands of the Caribbean region where he uncovers the footprints of the majority of its inhabitants from the African continent, transferred by force from their original lands to be enslaved. The wide and diverse cultural mosaic exhibited by the Caribbean region also has its origins in the colonial struggles of various European countries that vied for hegemony over the islands. This resulted in different European languages as official languages and expressions of "Creole," reflecting the dominance of the colonizers over the region, thus giving rise to a process of hybridization that characterized all of its historical development.

Unlike other countries in the Americas such as Mexico, Guatemala, Ecuador, Peru, and Bolivia where indigenous cultures survive, in the Caribbean, basically, the inhabitants of today originated largely from Europe or from Africa, through a process of enslavement that led to various subhuman levels of production. As part of this "process," the official languages coexisted with an orality that allowed communication among the most impoverished sectors, thus forming, in some of the territories of the Caribbean region, new languages.

Sometimes we are content with knowing the expressions of poetry related to Negritude in Cuba, Puerto Rico, and the Dominican Republic, with exceptional examples such as Nicolás Guillén, Luis Palés Matos, and Manuel del Cabral respectively. However, we also know that in some cases, the relationship of some poets with the theme of Blackness, is one of compassion or solidarity, not of identification. In *África en mi piel / Africa in My Skin / L'Afrique dans la peau*, it is clear that its rebellious character comes from that tradition represented internationally by Aimé Césaire's book, *Notebook of a Return to the Native Land*.

In the Dominican Republic, at the level of identification with this issue, we can mention works by Juan Sánchez Lamouth, Aída Cartagena Portalatín, and Norberto James Rawlings. The poet, essayist Blas Jiménez also undertook a path not only at the level of his writings, but through exchanges with cultural movements of Afro-descendants from other parts of the region and the Americas that played a role in returning to this theme.

The poetry of Féliz is characterized in this collection by his clean expressiveness, precision in his use of words, and, above all, by his outstanding combative character towards the inhuman forms of Slavery and even towards the continuation of that reality in new sophisticated forms but which still maintain levels of racial prejudice that sometimes are hidden through various mechanisms. Authentic humanism proclaims the need for equal rights for all human beings, regardless of the color of their skin, the religion they profess, or the ideology they prefer.

This book, in three of the basic languages of the Caribbean—Spanish, English, and French—is very important. It allows a work like *África en mi piel / Africa in My Skin / L'Afrique dans la peau*, which is emblematic within contemporary poetry in the Dominican Republic, to reach a larger audience. The languages we inherited from the colonial period form part of our identity, but sometimes they become an obstacle to communication in the Caribbean. We consider publications like this one a very valid contribution, especially at this time when it is necessary to highlight the characteristics of afro-descendants, particularly in the Dominican Republic and in general in our Caribbean region. The widespread national dissemination that the first publication of *África en mi piel* (2017) has had will be enhanced by the trilingual edition and continue to make this theme a relevant aspect of the work of the new generations of poets.

Rafael Nino Féliz—although he turns his words into whips to lash at the horrifying past of Slavery—still bets on an emancipating future ("Don't be afraid," page 71):

> Fear not, for the rains of immense joy
> of the barefooted
> will fall on the Caribbean again
> and the morning dew will soak your face
> and King, with his fiery look and loving hands
> will call on you at home in the dark nights
> and ignite the light
> of hope; he will say to you
> at this reunion of our race
> walk on, walk on and bid farewell to the gloomy
> nightmare of this night.

>> Mateo Morrison
>> *Santo Domingo, Dominican Republic*

Whiplash

Trails of oceanic passages
heavy metal on defenseless bodies
merciless logs of wood on the shoulders
of these human beings who still live in pain

Plantations and clubs
peeled skin
the adventure of a voyage
gaze lost in the waves
distance like footprints
a history of blood and torture
and the resistance of the maroon inland

Curacao, 2008.

Kura Holanda

I enter the museum and all is cold silence inside
and my brief hurried step produces spasms
in my Afro-antillean feelings

In silence my voice grows louder within me
emitting bursts of sparkling thunder
now the museum shows me the gallows
and the martyrdom
now it engulfs me in its cold flashes
of dead fireflies

Curacao, 2008.

Prelude

Translucent crystal filaments of rain
in this beloved Caribbean that I demand for
your life
a dancing body moving like a wing
as if seeking martyrdom in his own home
where the iron whip viciously cuts through
the back
of those human beings fighting defenselessly
and without swords

Port-au-Prince, Haiti, 2009.

Rain drops

Rain drops lure me on as they fall
like crystal threads
on this table where I share wine
with people dancing happily
like a bird under a grey sky
searching terrified for its destiny

In each rain drop the sorrows of the first slave
in the Caribbean are washed
his unwavering vocation for freedom
and steadfast look of a brave soldier

Port-au-Prince, Haiti, 2009.

Masters and owners

Lift me up to your highest height
so I can watch a people without bread
and straddle me to this human being
who is groaning in such deep pain
in spite of the endless centuries
so I can see this barefooted man you keep
oppressing.

Port-au-Prince, Haiti, 2009.

Kenscoff

Look at my bare feet, tracing their endless
footprints of bitterness
Look at my pale lips trailing the scent of bread
that in vain illusions looms

Look, what a long bale of misery
covers the infinite pasture of my dreams

Look at this child walking without bread,
without a coat
see how he looks at you in the eye
from the plain field
of his infinite anguish

Port-au-Prince, Haiti, 2009.

Africanize me

Africanize me, Black dancer,
in your slender waist

Africanize me in your identity,
which you relinquish not
even as bludgeoned gods in painful terror
were sold

Africanize me in the art that flows through
your veins and touches the continent
of your slumbering dreams
that only awaken at the crack of dawn when birds
intone their freedom songs

Africanize me in your tunic.
which covers your sky of roots

Africanize me in your soft artist's hands which,
when you move them,
scratch the air and trigger the rain

Africanize me in your white teeth of a unique goddess
that when you smile, your lips touch the whole horizon
of mutilated sunsets

Africanize me in your belly of universal motherhood

Africanize me in your drums
under the broken silence of the night.

The Dominican Republic, 2010.

Barbados

I descend on you, oh Barbados,
like an angel in search of its roots
the first step of the man who walked naked
trampling on wet leaves sprinkled with dew
in the precise point of the half-light
and half-shadow trajectory
halves that drew one imperishable stroke
in this Caribbean that is us

Barbados, 2010.

The crossing

Before the crime, there was death
like a minuscule tragic particle
in the archipelago of Madeira

Later the Azores
Cape Verde Island went through the same
the mouth of the Congo was a big cry of fright
and pain
thus were particles of death strewn throughout
the trajectory

At the edge of the night before the crossing
to our continent
some years later, the Cape of Good Hope fell
thereafter, all became antinomy of mankind

There was nothing good, no hope
in watching this grandfather's back stare at you
with demands

The Dominican Republic, 2011.

Code noir

Let my feet walk the pathway
let my guild grant refuge to my identity
let my steps transit under full moons
let my feet shed their sorrow

The Dominican Republic, 2011.

Africa in my skin

In each gaze that spins on this universe
we cannot renounce
your presence strips me naked from within
I find you at every step of the way
in the calloused hands of the laborer
that fill the market with fruits

I find you in the cadence
of the woman's mulatto strides
sharing infinite smiles
as she strolls along the streets
I find you in the coconut pulp
of those lips smiling
at lives strewn at each street corner
and in the shallow expression of the people

I find you in these twin islands of the Caribbean
unique and of diverse cultures
like the gods that inhabited this world
long before it became a long lament

I find you in the lingering tap on the shoulder
I find you in this body that hugs me
born of miscegenation and honest hope
I find you in this beautiful body
a slice of the full moon night of my cravings
I find you beneath the body of this beautiful
Black woman
who has carried the load of my infancy

The Dominican Republic, 2011.

Don't be afraid

Don't be afraid, son,
of so many rocks on the road
for when I passed through, I removed some
to lighten your heavy load

Don't be afraid,
for the sores on my body and on my hands
which I endured for our race
will lessen your sorrow as you journey on

Fear not, fear not,
for Rosa Parks already prayed for us
as she looked down from the great mountain
of pleading souls in this Caribbean soil,
unique and diverse, that gave refuge to the chant
of our forefathers in their vicious uprooting

Fear not, for the rains of immense joy
of the barefooted
will fall on the Caribbean again
and the morning dew will soak your face
and King, with his fiery look and loving hands
will call on you at home in the dark nights
and ignite the light
of hope; he will say to you
at this reunion of our race
walk on, walk on and bid farewell to the gloomy
nightmare of this night.

The Dominican Republic, 2011.

Grey ship

I pick you up in the evening drum
which unravels chasms made of eternities
I pick up my corralled grandparents
From beneath the iron siege of their masters
I pick them with their eyes glued to the twilight
stained with blood and horizon
I pick them up from the gates of no return
I pick them up from the grey ship
sailing, sailing away
I pick them up in front of a God dying of sorrow

The Dominican Republic, 2011.

Look for

There are things you lose in life
which life itself refuses to give up
there are things you lose in life
which remain as ornaments to the soul

The Dominican Republic, 2011.

Twilight skin

Tell me, oh mandingos, yorubas
where in my skin does it burn,
that Africa sprouts at sunset
history, seeds…
twilight skin
that shines in my eyes

The Dominican Republic, 2011.

Shadow of Slavery

Slave trade, the slave master takes them
to the high seas
then to the sugar plantation
their eyes fixated on the land they left behind
then comes the hangman as overseer

The Dominican Republic, 2011.

Sun and grass

The grass and sun receive me
with their heavy burden
the canefields already show us their bitter tracks
the sweet sugarcane in its long march
leaves behind deeply nostalgic seas
while the hermorraging men are fenced in

Give me the reason for such cruelty
this man was seeking in his homeland
a world of honey beneath his joy

They enslaved him and in exchange gave him
poisoned hemlock that tastes like bile

The Dominican Republic, 2011.

Africa in your voice

I see your furrowed face
your skin the color of a faraway Africa,
and then you immortalize my gaze
beneath your horizon of roots
in your changing ethnicity
that transcends the seas

The Dominican Republic, 2011.

Under the boilers

The boilers burnt the instinct
of the survivors on the plantations
and behind, their distant Africa,
which they keep seeking in every corner

Endearing dreams of return
spinning in their best homecoming
but the chains were heavy and strong
as they were bludgeoned to death

Our grandparents kept mixing
between the brown smiles of my black grandfather
and the crystal eyes of my white grandfather
who with dark desires reached
his sexual climax in his symphony

The Dominican Republic, 2011.

Look at my skin

He looks at my skin and watches me
I look at myself in contemplation
I feel and discover who I am

I know not if he looks at himself from within
or if he knows who he is
That is if he is…

In any case, it is too late
to look into spent prejudices

The Dominican Republic, 2011.

Harvest song

Move your waist to the right, move your waist to the left
if you contribute nothing to our culture, 'tis because you know nothing

The soul in your dance comes from the *batey*
Not all sweet sugarcane is meant for massa
to cart away

Some go to the mill crossing over the
barbed wire fences yonder
others are eaten by the cane workers because
they're dying of hunger

This Haitian hood accompanies me everywhere
and never abandons me
How these oxen suffer when the yoke is fastened
on them tightly

I grew up and lived in the *batey*
with my shirt torn
Give me *cleren* or *tafia* even if it's just one drop
for fun

Move your waist to the right, move your waist
to the left
Call Candelo for me so I could drink my *tafia*

They say my smile comes from over there
and I say that's not so
but what do I care as long as I can take my *tafia*

Move your waist to the right, move your waist
to the left
If you contribute nothing to our culture, 'tis
because you know nothing

The Dominican Republic, 2011.

Portobelo

Portobelo, passage towards death
here, where all the souls suffer
their centuries-old grief
where men were brought shackled and sad
and their desire to return turned into saltpeter

Portobelo, crossing that distils
pain in our seas
which are dyed red
as men without voice on their lips
shout within their mournful aftertaste

Eyes spilt like rivers that crash
with the only hope of escaping alive
and returning to their space that bleeds
with the wound

Men in shackles on auction at the market
and their anguish cries out to me with eyes shut.

The Dominican Republic, 2012.

Touching my roots

Like a heap of soil
sprinkled with seas,
I travel each island
of the Caribbean searching for my trail

My ancestors woo me,
their angry look of morning fright
their sunrise smashed
in their tired pupils
from which still drips
the infinite bitterness
of their wicked uprooting
that clouds our skies

Antigua, 2012.

Touching altars

I touch your words and they saturate me in verses
from the deep quavering of my ancestors
roots that once were medular charm
your voice of Antillean poet reclaiming links
of living yesterdays and dead todays

I gather in the village intangible museums
of enchanting verses
rain pours out an old symphony
and I feel in the breeze my Black grandfather
at dawn

Here the natives sweat their struggle
the cruel colonizer fails in his efforts
to impose his intrusive presence by force

I observe you calmly when we look at each other
and together we sing sonnets
and despite the passage of time, they still reflect
the heartless actions, legacy of the slave master

Antigua, 2012.

Going down to the harbor

Look, Africa, at your drum
that has grown louder
to the beat of diverse cultures
I cling tight to the symphony
of the magic of your dance
forest and rivers
songs of dew-bathed birds
the drum rolls out the melody
of your ancient chant.

St. Croix, 2012.

Slim

You work on a boat to raise your children
who in some cases have no jackets
in order to work you have to wear
the white man's attire
and cover your roots in a flood of tears
I sing to your *joie de vivre* smiling at the haughty tourist
And with so much work, you are dying a slow death
Like your forefathers, who from so many lashes,
gradually became extinct.

St. Martin, 2012.

Attire

Though I wear your attire I refuse
to bless
your brutal hands of master
even if I have to defend my strategies
to jump beyond this emptiness
I would rather in my immense pain say
Thy will be done, my Lord!

St. Lucia, 2012.

Laceration

He looks at me from the very depths of his grief
earth begins to turn nostalgic
uncertain future, laceration of the soul

Glass that breaks from within
like blades, only blades in silence
I awake and write a poem
my ethnicity weeping inside of me

St. Lucia, 2012.

It is raining

It is raining
beneath the broken song of your lips

It is raining
beneath the empty seat of my memory

It is raining
before the indifferent look of the elite

It is raining
beneath the saddened gaze of the gods

It is raining
beneath Africa's chant in my throat

It is raining
beneath the coupled dreams without a path

It is raining
beneath hungry bowels on fire

It is raining
beneath a song tearing my inside apart

It is raining
It is raining
It is raining

The Dominican Republic, 2011.

Mandela

Mandela, man without fences, without hate
deliverer of all colours, weaving
the great banner of planetary peace
without borders to limit your dreams
of liberty and bread

Mandela, the unusual sum
of all forgiveness
bird of the highest flight
that observes from above all the lacerations
of the souls of all that suffer

Mandela is the voice of my ancestors
in each piece of wounded earth

Mandela has not left
he is the hope
that waits along the road
the breeze that caresses the skin
of all the lovers

who dream of all the arms
and all the colours
of the world

The Dominican Republic, 2013.

Roots

Who said we are not a voice
that grows in the dew?
who says they do not hear
a voice that cries: "Oh, my child!"?

Who says I do not carry
in my skin a distant Africa
dream of a slave
who had no future?

Who denies that I was born in the Central Batey
memory of a slave, my complete identity?
who says I do not have in my veins
the sweet sugarcane
a life that cracks in the sugar plantation
that says: "Papa Bon"?
who is remembered beyond life
by all in this thicket, the sum of many things
beneath this fountain?

who says I am not the sum total of all
blood, roots, and history in my ancestral life
this man dying daily in his neighborhood strife?

The Dominican Republic, 2014.

Black lives matter

I too sing from this piece of hurting land
I too sing from this island where my grandfathers
were brought chained like slaves without any
reason
to explain this cruel torture on their backs and
their souls
where not even the grace of God could penetrate
the anguished moans of this hell.

I too bleed on this Caribbean island when I see
on videos how in the most powerful nation
on earth they kill my brothers because
they are Black

Let no one ask me on this stormy morning
to remain silent like death caused by hatred of
this crime
which nobody understands anymore
and which has the taste of terror and bitterness
let no one tell me anymore that

the white policeman has the right
to take the life of a brother that dreams, sings,
lives and loves

Send them back in prayers all those killed
unjustly
for the sole reason of being held captives in the
eternal retreat of night
No one has the right to kill a black dove among
so many others, black and white
who embrace one another in the hope of seeing
a new day dawn
with brothers who dream and kiss.

The Dominican Republic, July 16, 2016.

The look of my grandfathers

The look of my grandfathers
as if to shatter the sky
they wished they could all return to their homes
with the chains as necklaces

They wanted once more to touch their land
but they were like prisoners of war
captured like animals
the slave masters muzzled them

The palisade shelters the whole soul
seeking the border point
good strategy, to become maroons
from Africa to America, what a long journey!

And the slave owner, with savage hands
strangled the life of the maroon
go figure the social classes

The Dominican Republic, 2017.

From the deep ends of their slums

I saw two men climb a mango tree
tall and heaving with fruits
they were full of hunger
their stomachs grumbling badly

The fertile soil of that place
had ended up in the hands of a few
but the men continued to climb the tree
because it was in a municipal park.
Starving to death, the men come up
from the deep ends of their slums.

One said to me, "here, have some mangos
so you can savor them"
and I saw how good natured he was
as he tried to offer me the mangos
I'm no longer lonely – I told this friend –
I have the job of good loving

The Dominican Republic, 2017.

L'AFRIQUE DANS LA PEAU

Rafael Nino Féliz

Traduit par
Nicole Cage
Alex Richards

Préface

C'est à la suite d'une suggestion de l'intellectuel dominicain Chiqui Vicioso, qui m'a également mis en contact avec House of Nehesi Publishers, que j'ai commencé à contempler l'idée de traduire *África en mi piel* en plusieurs langues. Chiqui et moi avons convenu qu'une traduction de mon premier recueil de poèmes ouvrirait une porte internationale au texte et mettrait en avant les valeurs littéraires, historiques et sociales qui s'y trouvent.

África en mi piel a été publié pour la première fois en République dominicaine en 2017 et promu cette année-là en tant qu'événement public sur le campus principal de l'Université Autonome de Saint-Domingue, la première université du Nouveau Monde, fondée en 1538. L'apparition du livre a été un événement important auprès des intellectuels dominicains présents, ainsi que pour le grand public. Les critiques avaient souligné l'importance de l'œuvre pour sa valeur socio-littéraire et plusieurs professeurs d'université ont commencé à utiliser le texte pour travailler sur des aspects de notre identité culturelle.

Les discussions publiques et académiques générées par le livre au cours des mois qui ont suivi, en plus de la suggestion de Chiqui d'envisager la traduction de l'œuvre, ont contribué à planter et à nourrir fermement l'idée de la traduction dans mon esprit. *África en mi piel* a été soumis à House of Nehesi Publishers vers le milieu de l'année 2018 et accepté pour publication, d'abord en tant que collection bilingue : en espagnol avec la traduction anglaise. Au fur et à mesure des discussions régulières avec des éditeurs, l'éditeur de Saint-Martin a offert la possibilité d'ajouter une traduction en langue française au recueil. Ainsi, l'édition trilingue est devenue une réalité : *África en mi piel / Africa in My Skin / L'Afrique dans la peau.*

Cette nouvelle édition en trois langues principales ouvre une plus grande possibilité pour le livre d'atteindre plus de lecteurs et de se raccorder avec plus d'expériences humaines dans la région de La Caraïbe et dans le monde entier. J'espère sincèrement que la collection ne servira pas uniquement de « littérature », mais aussi de matériel documentaire sur les aspects didactiques, historiques et identitaires, pour mieux percevoir l'esclavage, la résilience et la beauté de nos ancêtres, ainsi que les luttes et les triomphes de leurs descendants.

> Rafael Nino Feliz
> *Saint Domingue, République Dominicaine*

Notes

[1] Danilo Cruz Pichardo, "África en mi piel", *El Nacional*, https://elnacional.com.do/africa-en-mi-piel/, 21 de enero 2018.

Frank Núñez, "África en mi piel de Rafael Nino Feliz", *El Caribe*, https://www.elcaribe.com.do/2018/02/17/africa-en-mi-piel-de-rafael-nino-feliz/, 17 de febrero de 2018.

Metro RD, "Profesor UASD publica obra de poesías en Sistema Braille", *Metro RD*, https://www.metrord.do/do/destacado/2017/12/17/profesor-uasd-publica-obra-poesias-sistema-braille.html, 17 de diciembre 2017.

Ibeth Guzmán, "África en mi piel", *Listín Diario*, https://listindiario.com/ventana/2017/11/29/492803/africa-en-mi-piel, 29 de noviembre 2017.

[2] Ibeth Guzmán, "Letras Básicas y Literatura," Escuela de Letras de la Universidad Autónoma de Santo Domingo, UASD.

Carla Magallanes, de la Escuela de Letras de la Universidad Autónoma de Santo Domingo; ella ha utilizado el texto también para el trabajo de su tesis doctoral, además de utilizarlo en las aulas.

Madelin Martínez Bonifacio, "Asignatura Problemas Psicosociales Dominicanos," Escuela de Psicología de la Universidad Autónoma de Santo Domingo, UASD.

Prologue

C'est un honneur d'écrire quelques mots dans l'édition trilingue de la poésie *África en mi piel / Africa in My Skin / L'Afrique dans la peau* de Rafael Nino Féliz. Le parcours lyrique du poète, à travers une simplicité expressive, n'est jamais dépourvu de contenu social ou politique, réaffirmant une tradition qui fait partie des éléments centraux de la poésie depuis l'Antiquité.

Les formes peuvent varier, et c'est logique, mais le contenu concernant la condition humaine est présent dans une grande partie des œuvres poétiques que nous connaissons. Dans ce livre, plus qu'une idée de classe sociale ou de politique proprement dite, le poète nous emmène dans un voyage à travers les îles de la région de la Caraïbe où il révèle les empreintes de la majorité de ses habitants provenant du continent africain, transférés de force de leurs terres d'origine pour être réduits en esclavage. La mosaïque culturelle large et diversifiée exposée par la région de la Caraïbe tire également ses origines des luttes coloniales de divers pays européens qui se sont affrontés pour contrôler les îles. Il en est résulté différentes langues européennes en tant que langues officielles et expressions de « créole », reflétant la domination des colonisateurs sur la région, donnant ainsi lieu à un processus d'hybridation qui a caractérisé tout son développement historique.

Contrairement à d'autres pays des Amériques comme le Mexique, le Guatemala, l'Équateur, le Pérou et la Bolivie où les cultures autochtones survivent, dans la Caraïbe, essentiellement, les habitants d'aujourd'hui provenaient en grande partie d'Europe ou d'Afrique, grâce à un processus d'esclavage qui a conduit à divers niveaux de production inhumains. Dans le cadre de ce « processus », les langues officielles coexistaient avec une oralité qui permettait la communication entre les secteurs les plus pauvres, formant ainsi, dans certains territoires de la région de la Caraïbe, de nouvelles langues.

Parfois, nous nous contentons de connaître les textes poétiques liés à la Négritude à Cuba, Porto Rico et en République Dominicaine, avec des exemples exceptionnels tels que Nicolás Guillén, Luis Palés Matos et Manuel del Cabral respectivement. Cependant, nous savons aussi que dans certains cas, la relation de certains poètes avec le thème de la Négritude, est celle de la compassion ou de la solidarité, et non de l'identification. Dans *África en mi piel / Africa in My Skin / L'Afrique dans la peau*, il est clair que son caractère rebelle vient de cette tradition représentée internationalement par le livre d'Aimé Césaire, *Cahier d'un retour au pays natal*.

En République Dominicaine, au niveau de l'identification avec cette question, on peut citer les œuvres de Juan Sánchez Lamouth, Aída Cartagena Portalatín et Norberto James Rawlings. Le poète, essayiste Blas

Jiménez a également entrepris une initiative semblable non seulement au niveau de ses écrits, mais à travers des échanges qu'il a eu avec les mouvements culturels d'Afro-descendants d'autres parties de la région et des Amériques qui ont joué un rôle dans le retour à ce thème.

La poésie de Féliz se caractérise dans cette collection par sa propre expressivité, la précision dans son utilisation des mots, et surtout par son caractère combatif exceptionnel envers les formes inhumaines de l'esclavage et même vers la poursuite de cette réalité sous de nouvelles formes sophistiquées mais qui maintiennent encore des niveaux de préjugés raciaux qui sont parfois cachés par divers mécanismes. L'humanisme authentique proclame la nécessité d'un droit égal pour tous les êtres humains, quelle que soit la couleur de leur peau, la religion qu'ils professent, ou l'idéologie qu'ils préfèrent.

Ce livre, dans trois des langues de base de la Caraïbe — l'espagnol, l'anglais et le français — est très important. Il permet à une œuvre telle *África en mi piel / Africa in My Skin / L'Afrique dans la peau*, œuvre emblématique de la poésie contemporaine en République Dominicaine, d'atteindre un public plus large. Les langues que nous avons héritées de la période coloniale font partie de notre identité, mais parfois elles deviennent un obstacle à la communication dans la Caraïbe. Nous considérons les publications, telle que celle-ci comme une contribution très valable, surtout en ce moment où il est nécessaire de mettre en évidence les caractéristiques des afro-descendants, en particulier en République Dominicaine et en général dans notre région de la Caraïbe. La diffusion nationale généralisée que la première édition d'*África en mi piel* (2017) a eue sera renforcée par l'édition trilingue et continuera à faire de ce thème un aspect pertinent du travail des nouvelles générations de poètes.

Rafael Nino Féliz, bien qu'il transforme ses paroles en fouets pour s'en prendre à l'horrible passé de l'esclavage, continue de parier sur un avenir émancipateur (« Don't be afraid », page 127) :

> N'aie pas peur, car sur la Caraïbe reviendront les pluies
> de la formidable joie des va-nu-pieds
> et la rosée du matin inondera ton visage
> et King, avec son regard de feu et ses mains
>   amoureuses,
> viendra chez toi dans l'obscurité des nuits
> et il allumera la lumière de l'espérance
> et il te dira dans ces retrouvailles de notre race :
> marche, marche, et dis adieu à l'obscur
>   cauchemar de la nuit.
>
> Mateo Morrison
> *Saint Domingue, République Dominicaine*

Des fouets sur la peau

Empreintes de passages océaniques
lourd métal sur les corps sans défense
impiété des madriers sur les épaules
de ces êtres qui vivent encore dans la douleur.

Plantations et garrots
peau défaite
aventure d'un voyage
le regard fixant les vagues
la distance comme repère
une histoire de sang et de tourments
et la résistance du marron au profond des terres.

Curaçao, 2008.

Kura Holanda

J'entre dans le musée là tout est glacial silence
et le mouvement bref de la hâte provoque des
   remous
dans les sentiments de l'afroantillais que je suis.

En silence ma voix grandit de l'intérieur
émettant des rafales de tonnerres étincelants
maintenant le musée me montre la potence et le
   martyre
maintenant il m'enveloppe dans ses froides lueurs
de lucioles éteintes.

Curaçao, 2008.

Prélude

D'opalescents et cristallins filaments de pluie
dans cette bien-aimée Caraïbe que je demande
    pour ta vie
un corps ondulant comme une aile déployée
comme s'il cherchait le martyre dans sa maison
où le fouet perfide marque cruellement le dos
de ces êtres qui luttent sans défense et sans arme.

Port-au-Prince, Haïti, 2009.

Gouttes de pluie

Les gouttes de pluie me défient en tombant
comme des fils de cristal
sur cette table où je partage le vin
entre des corps qui dansent joyeusement
comme un oiseau affolé sous le ciel gris
cherchant son destin.

Dans chaque goutte de pluie de la Caraïbe sont
lavées les peines du premier esclave
son inflexible vocation à la liberté
et son inaltérable regard de soldat valeureux.

Port-au-Prince, Haïti, 2009.

Propriétaires et maîtres

Fais-moi grimper en haut de tes vaillants
 sommets
afin que je regarde un peuple sans pain
et attache-moi à cet être
qui gémit si profondément
malgré les siècles des siècles
pour voir ce va-nu-pieds que tu opprimes.

Port-au-Prince, Haïti, 2009.

Kenscoff

Regarde mes pieds nus derrière leurs infinies
 traces d'amertume ;
regarde mes lèvres pâlies d'avoir attendu le pain
qui se profile en vaines illusions.

Regarde quelle dose de misère
couvre l'infini pâturage de mes rêves.

Regarde cet enfant qui va sans pain et sans abri
vois comme il plonge son regard dans ton visage
depuis la plaine infinie de ses douleurs.

Port-au-Prince, Haïti, 2009.

Africanise-moi

Africanise-moi en ta fine taille de danseuse noire

Africanise-moi dans ton identité que tu
n'abandonnes pas
pas même face aux dieux vendus à coups de
gourdin
et au prix d'une douloureuse stupeur

Africanise-moi par l'art qui coule dans tes veines
et touche le continent de tes rêves endormis
qui ne s'éveille qu'à l'arrivée de l'aube et quand
les oiseaux entonnent leur chant libérateur

Africanise-moi dans ton boubou qui entoure ton
ciel de racines

Africanise-moi par tes délicates mains d'artiste
qui, quand tu les bouges, griffent l'air et
provoquent la pluie

Africanise-moi dans ta blanche dentition de déesse incomparable
et quand tu souris, tes lèvres frôlent l'horizon tout entier de couchers de soleils éteints

Africanise-moi dans ton ventre de mère planétaire

Africanise-moi par ton tambour sous le silence rompu de la nuit.

République Dominicaine, 2010.

Barbade

Barbade, je viens à toi
comme un ange qui cherche ses racines
le premier pas de l'homme
qui marcha nu foulant
les feuilles mouillées et éclaboussées
de rosée au point précis
du parcours moitié lumière
et moitié ombre
moitiés qui dessinèrent
un seul trait impérissable
dans cette Caraïbe que nous sommes.

Barbade, 2010.

Traversée

Avant le crime ce fut la mort
comme une infime particule de tragédie
dans l'Archipel de Madère

Plus tard dans les Açores
l'île du Cap Vert connut le même sort
l'embouchure du Congo fut un seul cri d'horreur
    et de douleur
c'est ainsi que tout le trajet fut parsemé de
    particules de mort.

Au tranchant de la nuit avant la traversée vers
    notre continent
quelques années plus tard tombait le Cap de
    Bonne Espérance
dès lors, tout fut antonymie de l'homme.

Il n'y eut rien de bon, ni espérance,
et voir la silhouette de cet ancêtre qui te regarde
   et réclame.

République Dominicaine, 2011.

Code noir

Laissez mes pieds parcourir le sentier
laissez ma confrérie accueillir mon identité
laissez mes pas aller sous des lunes pleines
laissez mes pieds dénouer leurs douleurs.

République Dominicaine, 2011.

L'Afrique dans la peau

Dans chaque regard tourné vers cet univers inaliénable
ta présence me déshabille de l'intérieur
je te retrouve à chaque étape du chemin
dans les mains calleuses de l'ouvrier
qui inonde le marché de ses fruits.

Je te retrouve dans l'allure métisse et cadencée de la femme
qui marche dans les rues en prodiguant des sourires infinis
je te retrouve dans la pulpe de coco de ces lèvres qui sourient
au passage de la vie répandue dans chaque coin de rue
et dans l'expression simple des gens.

Je te retrouve dans ces îles jumelles de la Caraïbe
uniques et si diverses dans leur culture
comme les dieux qui peuplèrent le monde

bien avant qu'il ne devienne une longue
   lamentation.

Je te retrouve dans les traces de coups portés à
   l'homme
je te retrouve dans ce corps qui m'étreint
fait de métissage et de franche espérance
je te retrouve dans ce magnifique corps
morceau de nuit sous la lune pleine de mes
   angoisses
je te retrouve sous le corps de cette belle négresse
qui pèse sur mon enfance.

République Dominicaine, 2011.

Don't be afraid

Ne crains pas, fils, les nombreuses pierres sur la route
car sur mon passage, déjà, j'en ai ôté quelques-unes
pour alléger ta lourde charge.

Ne crains pas, car les plaies de mon corps et de mes mains
que j'ai subies au nom de notre race
adouciront les douleurs du chemin.

N'aie pas peur, n'aie pas peur, car Rosa Parks a prié pour nous
en un regard depuis la grande montagne des âmes gémissantes
sur ces terres des Caraïbes, uniques et variées qui abritèrent le chant
de nos ancêtres dans le cruel déracinement qui fut le leur.

N'aie pas peur, car sur la Caraïbe reviendront les pluies
de la formidable joie des va-nu-pieds
et la rosée du matin inondera ton visage
et King, avec son regard de feu et ses mains amoureuses,
viendra chez toi dans l'obscurité des nuits
et il allumera la lumière de l'espérance
et il te dira dans ces retrouvailles de notre race :
marche, marche, et dis adieu à l'obscur cauchemar de la nuit.

République Dominicaine, 2011.

Bateau gris

Je te retrouve sous le tambour du soir
qui déchiffre des abîmes faits d'éternités
mes ancêtres piégés
je les retrouve sous la férule d'acier de leurs
    maîtres
je les retrouve dans leur regard fixé sur le
    crépuscule
teinté de sang et d'horizon
je les retrouve sur la route du non-retour,
je les retrouve dans le bateau gris qui s'éloigne,
    s'éloigne
je les retrouve face à un Dieu qui meurt de
    chagrin.

République Dominicaine, 2011.

Look for

Il y a des choses dans la vie que tu perds
et dont la vie ne supporte pas l'abandon ;
il y a des choses que tu perds dans la vie
et qui restent à l'âme comme un ornement.

République Dominicaine, 2011.

Peau crépuscule

Depuis quel lieu, Mandingues, Yorubas
incendient-ils
ma peau qui exsude l'Afrique dans le soir
histoire, semences…
peau crépuscule
qui en mes yeux brille ?

République Dominicaine, 2011.

Ombre d'Esclavage

Trafic négrier, le maître les conduit en haute mer
puis dans l'ombrage des champs de canne
leurs yeux fixés sur la terre qu'ils quittent
puis le bourreau sera leur contremaître.

République Dominicaine, 2011.

Soleil et graminées

Les graminées et le soleil me reçoivent avec leur
 lourd fardeau
les champs de cannes annoncent déjà l'amer
 chemin
la canne à sucre en sa longue marche arrière
vers les mers avec leur nostalgie immense
et l'homme cerné par des rivières de sang.

Dites-moi les raisons de ce mal si cruel
cet homme cherchait sur sa terre natale
sous l'insigne de la joie un monde de miel.

Mais ils l'ont asservi et ils lui ont fait boire
la ciguë au goût de fiel.

République Dominicaine, 2011.

L'Afrique par ta voix

Je regarde ton visage parcouru de sillons
avec ta peau couleur d'Afrique lointaine
et puis tu retiens mon regard
sous un horizon de racines
en ta race incertaine
qui transcende les mers.

République Dominicaine, 2011.

Sous les chaudières

Les chaudières brûlaient l'instinct
des survivants sur les plantations
et repoussaient leur Afrique lointaine
cherchée en chaque recoin.

Précieux rêves de retour
qui vibraient dans leurs plus beaux songes
mais les chaînes étaient féroces, dures
et le garrot leur procura la mort.

Les ancêtres se mélangeaient
entre les sourires bruns de l'aïeul nègre
et les yeux de verre de l'aïeul blanc,
qui hanté par des désirs cuivrés
érigeait le sexe en symphonie.

République Dominicaine, 2011.

Il regarde ma peau

Il regarde ma peau et me contemple
je me regarde et je me contemple,
je ressens et découvre qui je suis.

Je ne sais pas s'il se voit de l'intérieur
et s'il sait qui il est
si tant est qu'il est…

Il est de toutes façons trop tard
pour s'inquiéter de préjugés éculés.

République Dominicaine, 2011.

Chanson pour la récolte

Bouge tes hanches vers l'avant, bouge tes hanches vers l'arrière
s'il n'apporte rien à la culture c'est parce qu'il ne connait rien

La poésie qu'il porte en lui est la même que celle du *batey*
toutes les cannes sucrées ne viennent pas du Catarey

Certaines vont au moulin en traversant les barbelés
les autres, les hommes les mangent parce qu'ils meurent de faim

Ce batey est en moi il ne me quitte jamais
comme ces bœufs souffrent quand on leur inflige le joug

J'ai grandi et vécu dans le *batey* avec ma chemisette rouge
donne-moi du *clerén* ou du *tafiá* même une seule goutte

Bouge tes hanches vers l'avant, bouge tes hanches vers l'arrière
qu'on m'appelle Candelo pour que je prenne mon *tafiá*

Ils me disent que le sourire est un truc de là-bas
moi je dis que ce n'est pas si simple
parce que moi ça me fait pareil quand je prends mon *tafiá*

Bouge tes hanches vers l'avant, bouge tes hanches vers l'arrière
s'il n'apporte rien à la culture c'est parce qu'il ne sait rien.

République Dominicaine, 2011.

Portobelo

Portobelo, voyage vers la mort
ici où toutes les âmes souffrent
leurs douleurs séculaires
et ils ont amené des hommes enchaînés et tristes
et le désir de retour est devenu salpêtre

Portobelo, traversée distillant
des flots de douleur dans nos mers
qui se teintent de rouge
hommes aux lèvres muettes
qui crient de l'intérieur leur lugubre réminiscence

Yeux ruisselant comme des rivières qui se brisent
avec le seul espoir d'en sortir vivant
et le retour à leur source qui coule avec la
   blessure.

Hommes enchaînés et vendus au marché
les yeux fermés quand la douleur se fait
   complainte.

République Dominicaine, 2012.

A l'ombre de mes racines

Comme une portion de terre
éclaboussée de mers, je parcours chaque île de la
 Caraïbe
en quête de mes traces.

M'accompagnent mes ancêtres,
regard embrumé, de terreur matinale
aubes brisées
dans leur pupilles fatiguées
d'où s'écoule encore l'infinie amertume
du cruel déracinement
qui obscurcit nos ciels.

Antigua, 2012.

Toucher les autels

Je touche tes mots et ils m'imprègnent de versets
de trilles profondes venues de mes ancêtres
racines qui furent médullaire enchantement ;
ta voix de poète antillais réclamant des liens
d'hiers vivants et de présents morts.

Je recueille dans le peuple des musées intangibles
de vers enchantés
– la pluie distille une symphonie antique –
je sens dans la brise mon aïeul nègre
dans le petit matin.

Ici les indigènes se sont tués à la lutte
le cruel colon a échoué dans sa tentative
d'imposer par la force sa présence intruse.

Je te vois sereine quand nous nous regardons
et ensemble nous chantons des sonnets
malgré le temps passé
les cruelles actions, héritage du maître
se perpétuent encore.

Antigua, 2012.

En descendant jusqu'au port

Afrique, regarde ton tambour
qui a grandi au rythme
de cultures diverses ;
je m'arrime à la symphonie
de la magie de ta danse,
de ta forêt et de tes rivières ;
chants des oiseaux baignés de rosée
le tambour égrenne la mélodie
de ton chant millénaire.

Sainte-Croix, 2012.

Slim

Tu travailles sur un bateau pour élever tes enfants,
qui sont parfois sans abri,
pour travailler tu dois arborer les habits du blanc
pour cacher tes racines parmi tant de sanglots ;
je chante à ton courage de vivre en souriant au
touriste hautain
et tu vas mourir sous le poids du travail
comme tes ancêtres qui ont succombé
sous la fureur des fouets.

Saint-Martin, 2012.

Costumes

Même si je porte tes costumes je rechigne
à bénir
ta cruelle main de maître ;
même si je dois prendre soin de mes desseins
pour sauter par-delà ce vide
je préfère dire dans mon immense douleur :
« Que ta volonté soit faite, ô mon Dieu ! »

Sainte-Lucie, 2012.

Lacération

Il me regarde du fond de sa peine ;
la terre se fait nostalgie,
futur incertain, lacération de l'âme.

Cristaux se brisant en moi
comme des brindilles, juste des souffles silencieux
je me réveille et j'écris un poème
ma race pleure en moi.

Sainte-Lucie, 2012.

La pluie tombe

La pluie tombe
sous le chant défait de tes lèvres

La pluie tombe
sous le siège vide de mes souvenirs

La pluie tombe
sous le regard indifférent des élites

La pluie tombe
sous le regard triste des dieux

La pluie tombe
sous le chant de l'Afrique dans ma gorge

La pluie tombe
sous les rêves d'amour sans issue

La pluie tombe
sous les entrailles embrasées par la faim

La pluie tombe
sous un chant qui me déchire les entrailles

La pluie tombe
La pluie tombe
La pluie tombe

République Dominicaine, 2012.

Mandela

Mandela, homme sans barrières ni haine
dépositaire de toutes les couleurs, brodant
le grand drapeau de la paix planétaire
sans aucune frontière qui limite tes rêves
de liberté et de pain.

Mandela, l'exceptionnelle synthèse
de tous les pardons
l'oiseau de plus haut vol
qui scrute les lacérations
des âmes de tous ceux qui souffrent.

Mandela est la voix de mes ancêtres
en chaque morceau de terre éprouvée.

Mandela ne s'en va pas
il est l'espoir
qui attend sur le chemin
la brise qui effleure la peau
de tous les amours

de la terre rêveuse
tous les bras
et toutes les couleurs.

République Dominicaine, 2013.

Racines

Qui a dit que nous ne sommes pas
une voix qui grandit dans la rosée ?
qui prétend qu'il n'entend pas
une voix qui dit : « Oh, mon fils ! » ?

Qui dit que je n'ai pas
dans la peau l'Afrique lointaine,
le rêve d'un esclave
privé d'avenir ?

Qui nie que je suis né dans le Batey Central,
souvenir d'un esclave, mon identité totale ?
qui affirme que je ne porte pas en moi
la canne sucrée,
la vie qui se brise dans les canneraies
qui dit : « Papa Bon ? »
à celui dont tous se souviennent dans ce fourré
au-delà de la vie, somme de tant de choses
au creux de cette source?

qui dit que je ne suis pas la somme de ce tout :
sang, racine, et histoire en ma vie ancestrale
cet homme qui meurt dans sa lutte plébéienne ?

République Dominicaine, 2014.

Black lives matter

Je chante moi aussi depuis ce bout de terre douloureuse
je chante moi aussi depuis cette île où furent emmenés
mes aïeux enchaînés comme des esclaves sans l'ombre d'une raison
qui justifie le cruel supplice enduré par le corps et l'âme
de ces êtres sans aucun refuge où la grâce de Dieu
pût pénétrer entre les longs gémissements de cet enfer.

Je saigne moi aussi dans ces îles de la Caraïbe quand je vois
au travers des vidéos comment la nation la plus puissante
de la terre assassine mes frères parce qu'ils sont noirs.

Que personne ne me demande de me taire en ce tumultueux matin
semblable à la mort née de ce crime odieux
que personne ne comprend et qui a un goût de terreur et d'amertume ;
que personne ne me dise que le policier blanc a le droit d'ôter
la vie d'un frère qui rêve, chante, vit et aime.

Que l'on ramène par la prière tous ces morts injustement tombés
par le seul fait de demeurer prisonniers dans le recueillement éternel de la nuit.
Personne n'a le droit de tuer une colombe noire parmi tant d'autres noires et blanches
qui s'enlacent dans l'espoir de voir un jour le soleil se lever sur un jour nouveau
de frères qui rêvent et s'embrassent.

République Dominicaine, 16 juillet 2016.

Le regard de mes ancêtres

Le regard de mes ancêtres
semblant vouloir briser le ciel ;
ils désiraient tous rentrer chez eux
et les chaînes comme colliers.

Ils voulaient fouler encore une fois le sol de leur terre
mais ils étaient emprisonnés comme en temps de guerre ;
ils furent traqués tels des animaux
les esclavagistes leur mettent des muselières

Les palanques abritent toutes les âmes
en quête d'un bout de frontière ;
bonne stratégie que le marronnage :
de l'Afrique aux Amériques, quel long voyage !

Et l'esclavagiste, mains sauvages
au nom de la vie, le marronnage :
ainsi expliquez-vous les classes sociales.

République Dominicaine, 2017.

Du fond de leur quartier

J'ai vu deux hommes grimper à un arbre
un grand manguier chargé de fruits,
ces hommes mouraient de faim
et leurs estomacs étaient mal en point.

La terre fertile de cet endroit
est tombée entre les mains d'un petit nombre ;
mais les hommes grimpent dans l'arbre
car c'était un parc municipal
la faim au ventre les hommes grimpent
du plus profond de leur quartier.

L'un me dit : « Prenez quelques mangues
pour que vous puissiez les savourer »,
et je vis que sa bonté était si grande
quand il voulut me donner ces mangues
« je ne suis plus seul » – ai-je dit à l'ami –
« j'ai les gages de l'amour vrai. »

République Dominicaine, 2017.

L'auteur

Rafael Nino Féliz est né à Cachon, une municipalité de Barahona, en République Dominicaine, le 24 septembre 1954. Il a obtenu sa maîtrise de la Faculté de philosophie et de lettres de l'Université Autonome de Saint-Domingue (UASD), République Dominicaine. À l'UASD, Féliz a été directeur du service social des étudiants et directeur général du service de comptabilité. Il a occupé le poste de vice-chancelier du développement de l'université historique pour les périodes 2008-2011 et 2014-2018. L'éducateur a été expert technique au Secrétariat d'État à l'Éducation et directeur du Département de l'Organisation du Bureau de Développement Communautaire de la République Dominicaine. Pendant plusieurs décennies, ses engagements sociaux et communautaires dans tout le pays, en plus d'être président de la société immobilière Felga Bienes Raices, a permis à Féliz de demeurer en contact avec un échantillon dynamique de ses compatriotes. Les essais publiés sur les questions nationales et régionales par Féliz comprennent « Cuando el màrmol golpea el obrero » (« Quand le marbre frappe le travailleur »), 2005 et « El bloqueo contra Cuba: ahora la gran guerra por otra vía » (« Le blocus contre Cuba : maintenant la grande guerre d'une manière différente »), 2016. *Portada universal*, le premier livre de poésies de Rafael Nino Féliz, a été publié en République Dominicaine en 1988. Quatre volumes de poésie ont suivi en succession rapide : *Plegaria al cielo* (*Prière au ciel*) 1990 ; *Poemas Humanos* (*Poèmes humains*)

1991 ; *Poemas Canciones para Niños* (*Poèmes comme chansons pour enfants*) 1991 ; *20 poemas bajo el cielo gris de New York* (*20 Poèmes sous le ciel gris de New York*) 1992. Au début du nouveau siècle, Féliz a commencé une autre série de recueils de poésie : *Rastros* (*Traces*) 2000 ; *Bajo la penumbra de un sueno* (*Sous la pénombre d'un rêve*) 2003 ; *Rockash: Canto al corazón de la tierra* (*Rockash : Je chante au Cœur de la Terre*) 2004 ; et *Al pie de la montana* (*Au pied de la montagne*) 2006. *Una gota de razon* (*Une goutte de Raison*) a été publié en 2009, suivi de *Canto a Loma Miranda: La insurrección de la esperanza* (*Un chant à Loma Miranda : L'insurrection de l'Espoir*) 2014, les deux étant des recueils de poésie. En 2017, son *África en mi piel* (*l'Afrique dans la peau*) a été publié a reçu un vif succès auprès du public à l'échelle nationale. Le livre de poésie est un texte requis dans l'étude des questions psycho-sociales et culturelles en République Dominicaine ainsi que pour d'autres cours universitaires sur l'identité culturelle dominicaine. Féliz a enseigné la critique littéraire et la théorie à l'UASD. La nouvelle édition de *África en mi piel / Africa in My Skin / L'Afrique dans la peau* est le premier ouvrage trilingue de poèmes du Rafael Nino Féliz.

About the author

Rafael Nino Féliz was born in Cachón, a municipality of Barahona, Dominican Republic, on September 24, 1954. He obtained a master's degree from the Faculty of Philosophy and Letters of the Autonomous University of Santo Domingo (UASD), Dominican Republic. At UASD, Féliz served as director of Student Welfare and general director for the Treasury. He was the Vice Chancellor of Development of the historic university for the periods 2008-2011 and 2014-2018. The educator has been a technical expert at the Secretary of State for Education and a director of the Organization Department of the Community Development Office of the Dominican Republic. For several decades his social and community engagements throughout the country—along with being president of the real estate company, Felga Bienes Raíces—has kept Féliz in touch with a dynamic cross-section of his compatriots. Published essays on national and regional issues by Féliz include "Cuando el mármol golpea el obrero" ("When the Marble Hits the Worker"), 2005 and "El bloqueo contra Cuba: ahora la gran guerra por otra vía" ("The blockade against Cuba: now the great war in a different way"), 2016. *Portada universal* (*Universal Cover*), the first book of poems by Rafael Nino Féliz, was published in the Dominican Republic in 1988. Four poetry volumes followed in rapid succession: *Plegaria al cielo (Prayer to Heaven)* 1990; *Poemas Humanos (Human Poems)* 1991; *Poemas Canciones para Niños (Poems as*

Songs for Children) 1991; *20 poemas bajo el cielo gris de New York (20 Poems under the Gray Sky of New York)* 1992. At the beginning of the new century, Féliz started another round of poetry collections: *Rastros (Traces)* 2000; *Bajo la penumbra de un sueño (Under the Half-Darkness of a Dream)* 2003; *Rockash: Canto al corazón de la tierra (Rockash: I Sing to the Heart of the Earth)* 2004; and *Al pie de la montaña (At the Foot of the Mountain)* 2006. *Una gota de razón (A Drop of Reason)* was published in 2009, followed by *Canto a Loma Miranda: La insurrección de la esperanza (I Sing to Loma Miranda: The Insurgency of Hope)* 2014, both poetry collections. In 2017, his *África en mi piel (Africa in My Skin)* was published to critical acclaim nationally. The poetry book is a required text for "Psycho-social and cultural issues of the Dominican Republic" and other university courses. Rafael Nino Féliz has taught literary criticism and theory at UASD. *África en mi piel / Africa in My Skin / L'Afrique dans la peau* is his first trilingual book of poems.

Sobre el autor

Rafael Nino Féliz nació en el distrito municipal de Cachón, de la provincia de Barahona, República Dominicana, el 24 de septiembre de 1954. Obtuvo una Licenciatura de la Facultad de Filosofía y Letras de la Universidad Autónoma de Santo Domingo, República Dominicana. Féliz fue Director de Bienestar Estudiantil, Director de Tesorería General y Vicerrector de Extensión en dos ocasiones de esa histórica universidad estatal en los períodos 2008-2011 y 2014-2018. Ha sido técnico de varios departamentos del Ministerio de Educación. El poeta Féliz ha publicado varios ensayos sobre temas nacionales e internacionales: "Cuando el mármol golpea el obrero: Reflexiones de un maestro" (2005), "El bloqueo contra Cuba: ahora la gran guerra por otra vía" (2016). *Portada universal*, su primer libro de poesía fue publicado en 1988. Siguieron cuatro volúmenes en rápida sucesión: *Plegaria al cielo* (1990); *Poemas Humanos* (1991); *Poemas Canciones para Niños* (1991) y *20 poemas bajo el cielo gris de New York* (1992). A principios del siglo XXI, publicaría una nueva serie de colecciones de poesía: *Rastros* (2000); *Bajo la penumbra de un sueño* (2003); *Rockash: Canto al corazón de la tierra* (2004); *Al pie de la montaña* (2006). Otro poemario, *Una gota de razón*, fue publicado en 2009. Le siguió *Canto a Loma Miranda: la insurrección de la esperanza*, en 2014, y *Canto a los médicos: camino por el sendero que no tiene fin* (2017). En 2017 publicó *África en mi piel*, libro de poesía que recibió buena crítica a nivel nacional. El libro es lectura obligatoria para "Temas psico-sociales y culturales de la República Dominicana". Este texto es utilizado como material docente en las aulas universitarias para la discusión y abordaje de la identidad cultural. El académico Rafael Nino Féliz ha sido docente en la Universidad Autónoma de Santo Domingo, en las cátedras de Teoría y Crítica de la Literatura y Letras Básicas. Esta nueva edición de *África en mi piel / Africa in My Skin / L'Afrique dans la peau* es la primera publicación trilingüe del presente texto.